11마당 '어떻게'와 '이렇게' 사이

A blank page full of History

소그룹 성경통독 _ 11마당 '어떻게'와 '이렇게' 사이

초판　　1쇄 발행 2007년 7월 30일
개정판 1쇄 발행 2013년 1월 8일

지은이 · 조병호
펴낸곳 · 도서출판 **통독원**
주　소 · 서울시 서초구 서초동 1475-3
전　화 · 02)525-7794
팩　스 · 02)587-7794
홈페이지 · www.tongdok.net
등　록 · 제22-2766호(2005.6.27)

ISBN 978-89-92247-20-7 04230
ISBN 978-89-92247-00-9 (전 20권)

책값은 뒤표지에 있습니다.
파본은 바꾸어 드립니다.

BIBLE TONGDOK

소그룹 성경통독 11마당

'어떻게'와 '이렇게' 사이

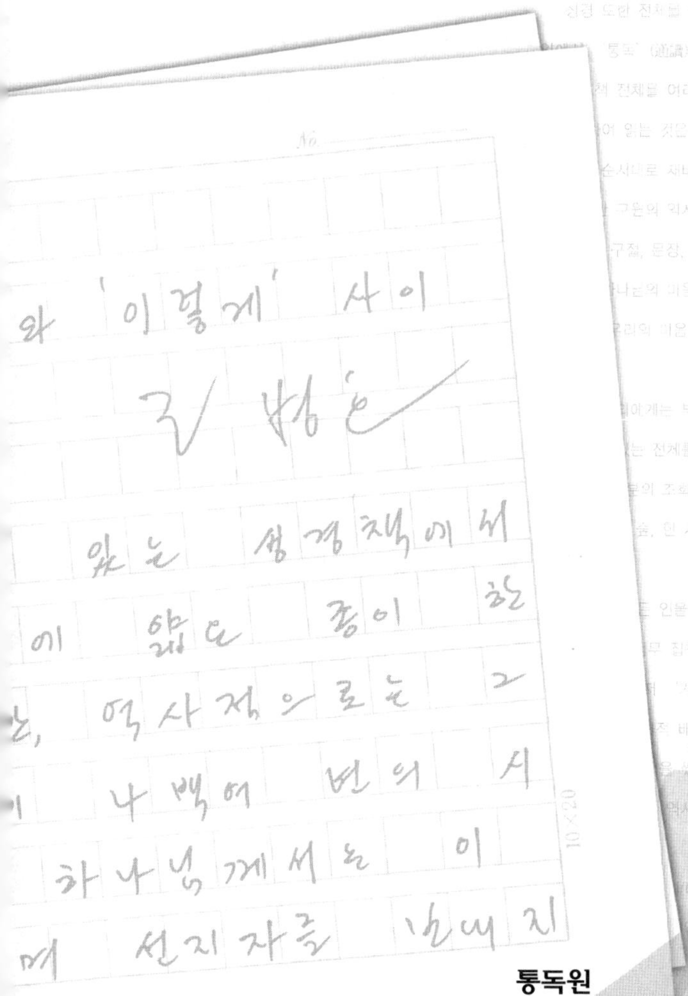

조병호

통독원

《소그룹 성경통독》을 펴내며

《소그룹 성경통독》 시리즈는 성경과 더욱 가까워지길 원하는 사람들을 위한 책입니다. 이 시리즈는 성경 66권 전체를 다루고 있으며, 시간 흐름에 따라 성경을 역사적 순서대로 재배열하여 체계적인 성경공부가 가능하도록 구성되어 있습니다.

이 책을 통해 세계를 경영하시는 하나님의 놀라운 섭리를 깨닫게 될 것이며, 그분의 말씀에 순종함으로써 삶의 현장 속에서 훌륭하게 쓰임 받았던 하나님의 사람들을 전인격적으로 만나게 될 것입니다.

여러분과 소그룹 구성원들이 이 책을 통해 성경을 통독하는 놀라운 기쁨을 새롭게 체험하길 바랍니다. 각 개인에게는 신앙의 견고성이 더해지고, 성도 간에는 깊은 교제가 이루어질 수 있도록, 본서는 구체적이고 실질적인 도움을 제공할 것입니다. 말씀을 사모하는 여러분에게 하나님께서 충만한 은혜와 지혜를 부어주시기 바랍니다.

목 차

이 책의 구성

《소그룹 성경통독》 시리즈의 전체 구성은 다음과 같습니다.
- 20개의 〈마당〉 : 성경 전체를 역사 순서대로 재배열하여 20개 마당으로 묶음.
- 66개의 〈숲이야기〉 : 한 마당은 2~4개의 〈숲이야기〉로 구성됨.
- 240개의 〈나무〉 : 소그룹 성경통독을 할 때, 1회의 분량으로 적절한 단위.

1. 소그룹 성경통독 11마당의 진행 순서

찬양과 기도 그날의 주제와 어울리는 찬양을 함께 부른 후, 신구약 중간사를 공부하는 가운데 하나님의 마음과 뜻을 깨달아 알 수 있는 지혜를 달라고 기도드립니다.

중요 포인트 그날의 〈나무〉 내용 가운데 중심적으로 생각해 보아야 할 주제가 무엇인지 알려줍니다.

역사의 숲길로 구약과 신약시대 사이에 일어난 수많은 역사적 사건 중에서 신약시대에 영향을 끼친 중요한 역사적 사실들을 간추려 정리했습니다. 예수님의 오실 날을 준비하시며 하나님께서 역사하신 '그때 거기서'의 현장 속으로 들어가 보십시오.

체크 포인트 그날의 〈나무〉 내용 가운데 기억해두면 유용한 역사적 사실들에 관해 질문합니다. 신약시대에 영향을 끼치는 신구약 중간사를 살필 때 꼭 알아두시면 좋습니다.

11마당 둘러보기

우리가 손에 들고 있는 성경책에서는 구약과 신약 사이에 얇은 종이 한 장이 있을 뿐이지만, 역사적으로는 그 얇은 종이 한 장에 4백여 년의 시간이 들어 있습니다. 하나님께서는 이 기간 동안 침묵하시며 선지자를 보내지 않으십니다. 하지만 하나님께서는 세계 역사의 흐름을 주도하시는 가운데 당신의 독생자를 이 땅에 보내실 그날을 준비하고 계십니다.

신구약 중간사

나무 151

페르시아 제국 / 그리스 문명

찬양

찬송가 – 201장 · 주의 확실한 약속의 말씀 듣고
찬　양 – 아침에 주의 인자하심을

기도

이 시간, 역사의 흐름을 살펴보는 가운데 하나님의 마음과 뜻을 깨달아 알 수 있도록 지혜를 주옵소서.

중요포인트

- 구약 시대 말기의 배경이 되었던 페르시아 제국의 생성과 발전, 문화에 대해서 알아봅시다.

- 페르시아 제국 시대에 활동했던 성경의 인물들은 누구였는지 알아봅시다.

- 이후 서양 문명의 근간이 되는 그리스 문명에 대해서 알아봅시다.

페르시아(바사) 제국 (B.C.539-333년)

바벨론 제국이 세계 주도의 임무를 끝내고, 그에 이어서 이란 계통의 유럽아리안족 페르시아인들이 약 2백여 년간 세계 역사를 주도하게 됩니다.

키루스 2세의 무덤(파사르가데)
키루스 2세 무덤은 크기나 장식 등은 매우 수수한 편이지만 동양과 서양의 양식이 잘 조화되어 있는 건축양식을 보이고 있다.

페르시아 제국의 왕 고레스(키루스 2세)는 앗수르나 바벨론 제국이 이전까지 펼쳤던 잔인하고 폭력적인 지배 방법을 반복하기보다는 오히려 피정복민들에게 일정 범위의 자유를 주는 유화정책, 관용정책을 베풉니다. 이러한 고레스 왕의 정책 덕분에 바벨론에 포로로 끌려갔던 유대인들 또한 고국으로 돌아갈 수 있었습니다.[스 1:1-3]

이렇게 시작된 페르시아 제국은 자기들의 영토와 지배 범위를 마케도니아(마게도냐), 즉 유럽까지 넓히려고 무던히도 애를 씁니다. 그 와중에 키루스 2세는 전쟁에서 부상을 입고 사망합니다. 그의 뒤를 이어 나라를 다스린 캄비세스 2세가 후계자를 남기지 않고 사망하자, 7명의 귀족 대표 가운데 다리오(다레이오스)가 결국 왕위에 오릅니다.

다레이오스 1세(이란국립박물관)

다리오 왕 때, 페르시아는 찬란한 전성기를 누렸습니다. 화려한 궁궐과 건물들이 세워졌고, 각 통치구역들은 조직적으로 관리되었습니다. 특히 다리오 왕의 재위 6년인 B.C.515년

알렉산더 앞에 선 다레이오스 일가 _ 샤를 르 브룅 作

에 예루살렘 성전이 완공되고, 성전 봉헌식이 드려졌던 것도 에스라서의 내용을 통해 살펴본 바 있습니다.[스 6:15–18]

페르시아는 든든한 제국의 안정을 기반으로 끊임없이 정복 정책을 펼칩니다. 그러나 다리오 왕은 그리스 본토를 침략하러 갔으나 큰 태풍을 만나 귀환하고, 이후 다시 그리스로 쳐들어갔으나 마라톤 전투에서 패배하고 맙니다. 다리오 왕의 뒤를 이어 제위에 오른 그의 아들 크세르크세스(성경의 아하수에로. 에스더 왕비의 남편)가 다시 그리스를 공격합니다. 하지만 살라미스 해전과 플라테 전투, 에우리메돈 전투에서 또다시 참패함으로써, 페르시아의 유럽 정복은 끝내 이뤄지지 못합니다. 이 패배는 페르시아 쇠퇴의 가속페달이 됩니다. 결국 마케도니아의 알렉산더 대왕에 의해 두로가 점령당함으로써 페르시아는 이후 계속해서 알렉산더에게 세계의 패권을 빼앗기게 됩니다.

이 시대에 유대 지역은 페르시아 제국에 속한 하나의 주(Province)였습니다. 그리고 유대인들은 페르시아 제국을 이루었던 120여 개의 주 곳곳에 분산되어 살았습니다. 이렇게 유대 민족이 페르시아의 속국으로 있는 상황에서, 역사는 바다 건너 유럽 쪽에서도 숨가쁘게 진행되고 있었습니다.

페르세폴리스(Persepolis)
'페르시아의 도시'라는 뜻인 이곳은 페르시아 제국의 네 개 수도 가운데 하나였다. 그리스 아테네의 아크로폴리스보다 3배 정도 큰 규모로 다레이오스 1세가 건설했다.

그리스 문명

여러 개의 도시국가들로 이루어진 그리스는 자유와 평화, 번영을 구가하면서 발전해가고 있었습니다. 또한 우리가 익히 알고 있는 소크라테스, 플라톤, 아리스토텔레스 등 철학자들의 사상과 정신을 기반으로 그리스인들은 고도의 문명을 꽃

파르테논 신전(pathenon)
이 신전은 아테네의 황금기인 B.C.500년대에 페리클레스에 의해 세워졌다. 아테네의 수호신인 아테나에게 바치는 신전으로, 아크로폴리스에서 가장 높은 곳에 지어졌다.

그리스의 철학자들
B.C.481년경, 프로타고라스라는 소피스트가 '사람은 만물의 척도'라는 주관적 진리를 강하게 설파했다. 그러자 "너 자신을 알라."라는 말로 유명한 소크라테스는 그런 소피스트들의 논리를 거부하며 객관적 진리가 존재함을 이야기했다. 플라톤은 진실의 존재를 '이데아'라고 부르며, "물질적인 것들은 '이데아'의 그림자에 불과하다."라고 말했다. 또 그의 제자 아리스토텔레스는 "결국 실체는 형상과 동일물인데, 그게 형상과 질료로 나눠져 있을 뿐이다."라고 주장했다. 이런 그리스의 철학자들이 정치, 경제, 윤리, 철학 등 여러 분야에 대한 사상의 기초를 놓아가고 있었고, 동시대에 예루살렘에서는 느헤미야, 에스라가 활동하고 있었다.

피워가고 있었습니다.

이렇게 그리스의 문명이 한창 흥왕하고 있는 시점에 페르시아가 쳐들어옵니다. B.C.480년 8월, 페르시아군이 그리스를 향해 출발했다는 소식을 들은 아테네와 스파르타 및 그리스의 여러 도시들이 동맹을 맺어 페르시아와 맞섰습니다. 치열했던 전쟁은 결국 그리스의 승리로 끝납니다. 전쟁에서 이긴 그리스는 국력을 키워가는 가운데 그들의 문화를 더욱 발전시킬 수 있었습니다. 페리클레스 시대 30년을 포함한 약 2백여 년의 문화 부흥기 때 형성된 그리스 문명은 향후 서양 역사와 문명의 한 근간이 됩니다.

한편, 이때 마케도니아 지방에서는 새로운 변화가 일어나기 시작합니다. 그리스 북쪽의 마케도니아에서 B.C.359년경 필립포스 2세가 왕으로 즉위하면서 그 세력을 확장해가기 시작한 것입니다. 그전까지는 그리스인들에 의해서 '야만인'이라고 불리던 그들이 오히려 그리스의 발전된 문화를 받아들이면서 힘을 키워간 결과, 세계에 위협적인 존재로 등장할 준비를 마치고 있었습니다.

체크포인트 ○●●

1. 바벨론 제국 이후에는 OOOO 제국이 세계 역사를 주도했습니다.

2. 페르시아 OOO 왕의 유화정책 때문에, 바벨론에 의해 포로로 끌려갔던 유대인들은 고국으로 돌아올 수 있었습니다.

3. 페르시아 제국 시절, 1차로 예루살렘으로 귀환한 귀환공동체에 의해 무너졌던 OO이 재건되었고, 이후 2차로 귀환한 OOO에 의해 율법이 교육되었으며, 3차로 귀환한 느헤미야에 의해 OO이 재건되었습니다.

4. 다리오(다레이오스) 왕에 이어 왕이 된 아하수에로(크세르크세스)는 성경에 나오는 OOO 왕비의 남편이기도 합니다.

5. 페르시아는 그토록 염원하던 OOO 점령에는 끝내 실패했습니다.

답 : ① 페르시아 ② 키루스(고레스) ③ 성전, 에스라, 성벽 ④ 에스더 ⑤ 그리스

나무 152

헬라 제국 / 프톨레미 왕조

찬양

찬송가 – 97장 · 위에 계신 나의 친구
찬 양 – 하늘을 바라보라

기도

이 시간, 역사의 흐름을 살펴보는 가운데 하나님의 마음과 뜻을 깨달아 알 수 있도록 지혜를 주옵소서.

중요포인트

- 유대 역사에 많은 영향을 끼쳤던 헬라 제국의 생성과 발전, 문화에 대해 알아봅시다.

- 거대한 헬라 제국을 일으켰던 알렉산더가 품고 있었던 꿈이 무엇이며, 그것이 유대인들에게는 어떤 영향을 끼쳤는지 알아봅시다.

- 프톨레미 왕조의 통치하에서 유대인들의 삶은 어떠했는지 알아봅시다.

헬라 제국(마케도니아) (B.C.359-323년)

마케도니아 왕 필립포스 2세는 크레니데스(Crenides)라는 곳에서 금광을 발견하여 엄청난 재력을 확보합니다. 필립포스 2세는 크레니데스의 지명을 자기 이름을 따서 '빌립보'(필립포스)로 바꿉니다. 먼 훗날 사도 바울이 마케도니아에 복음을 전하기 위해 처음 발걸음을 내디딘 곳이 바로 이 빌립보였습니다.[행 16:11-12]

또한 필립포스 2세의 마케도니아 군대는 긴 죽창(竹槍)을 가지고 싸우는 '장창밀집부대전법'으로 다른 나라를 하나둘 점령해가기 시작합니다. 그는 얼마 지나지 않아 그동안 자신들을 얕잡아보던 그리스 전체를 점령하게 됩니다.

그런데 여기까지 이루어놓은 필립포스 2세가 갑자기 암살을 당하게 되고 그의 뒤를 이어 당시 20세의 알렉산더(알렉산드로스, 재위 B.C.336-323년)가 왕이 됩니다. 그는 강한 패기와 원대한 꿈을 가지고 있던 사람이었습니다. 알렉산더는 10여 년이라는 짧은 기간 동안 엄청난 영토를 가진 대제국을 소유하게 됩니다. 그렇다면 그는 대체 어디서 그런 힘을 얻었던 것일까요?

알렉산더
(뉘칼스버그글립토테크 미술관)

그 힘의 원천 중 하나는 그의 남다른 생각에 있었다고 봅니다. 전해지는 이야기로 알렉산더의 부친인 필립포스 2세는 아들 알렉산더가 13세가 되었을 때부터 약 4년간, 그리스의 위대한 철학자 아리스토텔레스에게 아들의 교육을 맡겼다고 합니다. 알렉산더가 전쟁에 나갈 때에도 호머의『일리아드』를 들고 다닌 것, 많은 학자들을 대동한 것, 그리고 그리스 문화를 자기 사상의 기초로 삼은 것 등은 모두 스승의 영향을 받은 것으로 보입니다.

인간의 가능성에 대한 꿈을 가진 알렉산더는 필립포스 2세가 만들어 놓은 강력한 군사력을 기반으로 자신의 꿈을 현실로 만들기 위해 진군하기 시작합니다. B.C.334년 봄, 보병 약 3만 명과 기병 5천 명, 그리고 그리스 동맹에서 파견한 7천 명 등의 연합군을 지휘한 알렉산더는 페르시아의 총독들을 물리치고 큰 승리를 거둡니다. 그해 겨울, 알렉산더는 소아시아 서부와 남부를 점령하고, 그 이듬해엔 이수스(Issus)에서 다리오(다레이오스) 3세가 이끄는 페르시아 군대와 접전합니다. 페르시아 군대가 알렉산더의 군대보다 수배나 더 많았지만 그 전쟁에서 알렉산더가 크게 승리합니다. 그런 후, 알렉산더는 곧바로 페르시아의 수도인 수사 성으로 쳐들어가기보다는 방향을 돌려 지중해 연안을 따라 내려옵니다. 이집트를 먼저 점령하려는 계산이었습니다.

두로
'바위'라는 뜻. 지금의 레바논의 항구도시로 높은 요새에 건설된 성이었다.

알렉산더는 이집트를 향해 내려오는 도중, 지중해 연안에서 약간 떨어져 있는 해상도시 두로(Tyre)를 점령할 계획을 세웁니다. 두로는 당시 페니키아의 주요 도시로 지중해의 해상권을 장악하고 있었으며, 좋은 배들을 많이 소유하고 있었습니다. 알렉산더는 지중해 연안 전체를 장악하려면 배도 더 필요하고, 해상권을 장악하지 못하면 본국에서 보내오는 보급물자가 끊길 위험도 있다고 판단하여 두로를 먼저 점령하기로 한 것입니다.

두로 주변에 있는 시돈과 비블로스, 아라두스 등의 도시들은 알렉산더에게 미리 사절단을 파견해 항복 의사를 전달합니다. 그러나 두로는 끝까지 굴복하기를 거절합니다. 특별히 국방에 신경 쓰지 않아도 될 만큼, 영토 자체가 천혜(天惠)의 요새였기 때문에 그들은 결코 전쟁에서 지지 않을 자신이 있었던 것입니다.

역시나 두로를 점령하기가 생각만큼 쉽지 않았습니다. 알렉산더의 군대가 7개월 동안 여러 차례 점령을 시도하였으나 번번이 실패하고 맙니다. 알렉산더가 새로운 전략을 세워 1만여 명 정도의 군사들을 따로 불러 산에 가서 커다란 바위들을 굴려오라고 시킵니다. 그리고 해변과 두로 사이의 바다를 그 돌들로 메우기 시작합니다. 그렇게 육지와 섬 사이에 다리를 만든 알렉산더의 군대가 사륜마차를 타고 들어가 두로를 가뿐히 점령해 버립니다.

이전에 아모스와 예레미야, 에스겔 같은 선지자들이 두로의 멸망을 예언한 바 있습니다. "여호와께서 이와 같이 말씀하시되 두로의 서너 가지 죄로 말미암아 내가 그 벌을 돌이키

지 아니하리니 … 내가 두로 성에 불을 보내리니 그 궁궐들을 사르리라"(암 1:9-10). 아모스는 B.C. 8세기에, 예레미야는 B.C. 6세기에 두로의 멸망을 예언하였습니다. 실제 두로가 망한 것은 B.C. 4세기이니, 예언자들이 수백 년 후에 일어날 일을 미리 내다보고 그들의 교만을 꾸짖었던 것입니다. 마찬가지로 알렉산더에게 항복하기를 거부하였던 블레셋의 가사(Gaza)도 두로와 마찬가지로 공격을 받아 두 달 만에 함락되었습니다. 가사의 멸망은 스가랴 선지자의 예언을 성취한 것이었습니다(슥 9:5). 신구약 중간 시기는 이처럼 다른 나라들에 대한 예언의 말씀들이 성취되었던 때이기도 하다는 사실을 기억해둡시다.

알렉산더는 이 큰 승리의 여세를 몰아 B.C.332년에 이집트를 정복합니다. 알렉산더는 그곳에 자신의 이름을 딴 알렉산드리아(Alexandria)라는 도시를 세우기도 합니다. 그곳에는 당시 세계에서 가장 큰 도서관도 세워집니다. 이처럼 알렉산더는 어느 지역을 점령하러 갈 때마다 각 분야의 학자들과 기술자들을 데리고 가서 정복지 문화와 그리스 문화 간의 교류를 시도하고, 그리스 문화로 정복민들을 개화시킵니다. 유대인들도 이 도시에 많이 이주하였고, 이후 알렉산드리아는 유대교와 기독교 역사에서 중요한 지역이 됩니다.

고대 동방의 문명을 가리켜 오리엔트 문명이라고 합니다. 그런데 알렉산더 시대에 이 오리엔트 문명과 그리스의 문명이 만나서 헬라 문명, 곧 헬레니즘(Hellenism)이 형성됩니다.

알렉산드리아를 세우는 알렉산더 –플라시도 코스탄치 作

알렉산더의 정복을 통해 이 문명들이 통합된 것입니다. 알렉산더의 사상은, '세상은 넓고 전 세계의 사람들은 모두 하나의 형제다', 즉 '세계동포주의'(코스모폴리타니즘: cosmopolitanism)였습니다.

알렉산더는 이집트에서 다시 지중해 연안을 타고 올라가 페르시아의 4대 수도인 수사, 바벨론, 페르세폴리스(바사), 엑바타나(악메다)를 차례로 점령합니다. 이렇게 큰 제국을 만든 알렉산더는 B.C.326년 동쪽으로 계속 진군하여 인도의 인더스 강 유역까지 당도합니다. 그는 계속 진군하기를 원했지만, 오랜 전쟁에 지친 군인들은 열대 우림지대를 뚫고 행군하는 것에 불복합니다. 할 수 없이 알렉산더는 군대를 돌려 돌아오게 되었고, B.C.323년, 병에 걸린 지 열흘 만에 32세의 젊은 나이로 죽고 맙니다.

알렉산더의 정복 목적

알렉산더는 피정복지에도 상당히 선정을 베푼다. 그의 정복 목적이 오직 세금을 많이 걷고 자신의 절대 권력이 행사되는 지배 범위를 넓히려는 욕심에서만 나온 것이라기보다는, 인간 세계에 대한 자신의 사상을 넓히고 세계 민족을 하나로 묶어내려는 의도도 있었기 때문이다. 알렉산더는 마케도니아에서 데리고 온 군인들과 항복한 페르시아 군인들의 대우를 동등하게 해주었다. 또한 마케도니아 군사들과 페르시아 처녀들의 합동결혼식도 거행한다. 마케도니아 학자들, 페르시아의 학자들과 함께 학문적 연구를 해나가면서 문화를 통합시키는 작업도 진행하게 한다.

폼페이 기둥(Pompei's Pillar)
이집트 알렉산드리아에 있는 높이 30m, 지름은 상부 2.3m나 되는 큰 기둥. A.D.297년경 로마 황제 디오클레티아누스가 도서관 건물의 기둥으로 세웠다고 하는데, 처음에 세워진 400개 중에서 한 개만 남아 있다.

알렉산더가 죽은 후, 그 큰 제국은 하나로 유지되지 못하고, 7년간 이어진 권력 싸움 끝에 네 명의 장수가 분할 통치를 하게 됩니다. 카산드로스(카산더)가 헬라(그리스)와 마케도니아 본토를 차지합니다. 그리고 리시마쿠스가 소아시아 근방을, 안티고누스가 지중해에서 중앙아시아 지역을, 프톨레미가 나일 강 유역의 애굽(이집트) 지역을 차지합니다. 헬라 제국은 이렇게 사분할된 채 시간을 보내게 됩니다.

프톨레미 왕조 (B.C.301-198년)

일단, 우리의 관심은 유대와 연관이 있는 프톨레미 왕조(Ptolemies)에게 모아집니다. 애굽을 다스리게 된 프톨레미 왕조에는 셀루커스라는 군대 총사령관이 있었습니다. 그런데 군대의 총사령관으로 만족하지 않았던 셀루커스는 프톨레미 왕이 알렉산더의 후계자로 자처하고 나서 안티고누스를 저지하러 나간 사이, 독자적인 정치 세력을 확보하고 결국 셀루커스 왕조를 세웁니다. 이때부터 셀루커스 왕조가 메소포타미아 유역의 시리아 지방을 다스리게 됩니다. 이 두 나라는 당시 가장 세력이 큰 나라들이었고, 시간이 흐르면서 유대를 사이에 두고 서로 다투게 됩니다.

B.C.301년, 유대는 프톨레미에 의해 애굽(이집트)에 합병됩니다. 그래서 유대인들 역시 프톨레미가 다스리는 애굽(이집트)의 통치를 받게 됩니다. 특히 프톨레미 2세(프톨레미 필라델포스) 때에는 히브리어로 기록된 구약성경을 헬라어로 번역하는 작업이 이루어지기도 했습니다. 이 번역본이 최초의 번역본인 70인역(Septuagint, LXX)입니다. 프톨레미 2세의 요구에 의해 율법서를 헬라어로 번역할 장로 72인(혹은 70인)을 선발해, 그들로 하여금 각자가 성경을 번역하게 했는데 72인의 번역이 다르지 않았다는 이야기가 전해지기도 합니다. 이러한 주장에 72인의 번역이 성령의 역사하심으로 말미암았음을 강조한 측면이 있기도 하지만, 이 시대에 이러한 번역 작업이 진행된 것은 분명 하나님의 섭리와 역사였다고 보아야 할 것입니다. 이 번역 작업으로 인해 많은 이방인들이 성경을 읽을 수 있게 되었고, 세계 선교가 이루어질 수 있는 토대가 마련되었기 때문입니다.

70인역(Septuagint, LXX)

프톨레미 2세를 비롯해 프톨레미 왕조가 통치하는 100여 년간, 유대인들은 그런대로 평화로운 세월을 보냅니다. 프톨레미 왕조의 왕들은 대체로 속국민들의 종교적 신념과 관습에 대해 관대한 정책을 펼쳤기 때문입니다. 하지만 프톨레미 왕조와 셀루커스 왕조 사이에 계속된 전쟁의 와중에서 유대는 양쪽 군대의 말발굽에 짓밟히면서 여러 차례 수난을 당하게 됩니다.

체크포인트 ○●●

1. 마케도니아의 왕 필립포스 2세가 금광을 발견했던 크레니데스는 이후 사도 바울이 유럽지역 전도를 위해 첫 발을 내디뎠던 ○○○ 지역입니다.

2. 이전에 하나님의 선지자들이 예언한 대로, 스스로 '바다의 신' 이라고 자처하던 천혜의 요새 ○○는 알렉산더에 의해 멸망하였습니다.

3. 애굽(이집트)을 정복한 알렉산더는 그곳에 자신의 이름을 딴 도시 ○○○○○○를 세웁니다. 이 도시는 유대교와 기독교 역사에서 중요한 지역이 됩니다.

4. 알렉산더 시대에, 동방의 오리엔트 문명과 그리스의 문명이 만나서 헬라 문명, 즉 ○○○○ 이 형성됩니다. 알렉산더의 사상은 한마디로 ○○○○○○였습니다.

5. 알렉산더 사후에 그 큰 제국은 ○개로 분할됩니다. 그중 유대인들은 ○○○○ 왕조에 의해 먼저 통치를 받게 됩니다.

답 : ① 빌립보 ② 두로 ③ 알렉산드리아 ④ 헬레니즘, 세계동포주의 ⑤ 4, 프톨레미

나무 153

셀루커스 왕조 / 발흥하는 로마

찬양

찬송가 – 101장 · 천지에 있는 이름 중
찬 양 – 평강의 왕이요

기도

이 시간, 역사의 흐름을 살펴보는 가운데 하나님의 마음과 뜻을 깨달아 알 수 있도록 지혜를 주옵소서.

중요포인트

- 프톨레미 왕조에 이어 유대인들을 다스렸던 셀루커스 왕조에 대해 알아봅시다.

- 신약성경의 배경이 될 로마 제국의 생성과 발전 과정에 대해 알아봅시다.

- 헬라화 정책을 강요하며 유대인들을 핍박했던 안티오쿠스 4세의 정책에 의해 유대인들이 받았던 수난에 대해 알아봅시다.

역사의 숲길로 ○●●

셀루커스 왕조 (B.C.198-165년)

프톨레미 왕조의 통치를 받으며 평온한 나날들을 보내고 있던 유대 땅의 분위기는 B.C. 2세기 초를 전후하여 바뀌기 시작합니다. B.C.198년 셀루커스 왕조의 안티오쿠스 3세가 프톨레미 왕조로부터 유대를 빼앗아 시리아에 합병시킨 것입니다. <나무 152>의 프톨레미 왕조 후에 <나무 153>에서 셀루커스 왕조를 다루었다고 해서 프톨레미 왕조가 멸망한 후 셀루커스 왕조가 등장했다는 의미는 아닙니다. 알렉산더가 죽은 후 패권 다툼을 하던 4인방 중 강력한 두 왕조가 프톨레미 왕조와 셀루커스 왕조였는데, 그간 유대를 프톨레미 왕조가 다스리고 있다가 이 지역의 통치권을 셀루커스 왕조에게 넘겨준 것입니다.

처음에 안티오쿠스 3세는 유대인들에게 최대한의 배려를 해주었습니다. 유대의 전통적 관습과 종교 생활의 자유를 허용하고, 세금도 3년 동안 탕감해줍니다. 하지만 불행히도 유대인들에게 부여된 이런 호의들은 오래가지 못했습니다.

B.C.190년, 로마와의 전쟁에서 참패한 안티오쿠스 3세에게 1만 5천 달란트라는 어마어마한 배상금이 부과됩니다. 그러자 안티오쿠스 3세는 이 막대한 배상금을 채우기 위하여 나라 안에 있는 신전들의 재산을 압류하기 시작합니다. 예루살

안티오쿠스 3세(루브르 박물관)

렘 성전도 예외일 수 없었습니다. 그러자 곳곳에서 이에 대한 백성들의 반대가 일어났고, 그는 결국 암살당하고 맙니다.

그가 죽고, 왕위에 오른 셀루커스 4세 역시 많은 조공을 바치라는 로마의 압력을 받았습니다. 그래서 그 역시 예루살렘 성전의 재산을 강탈하려고 시도하였지만, 역시 유대인들의 강력한 반대를 경험합니다. 얼마 후 셀루커스 4세는 한 장군에 의해 살해당하고, 그의 뒤를 이어 셀루커스 4세의 동생이며 '에피파네스'라고 불리는 안티오쿠스 4세(B.C.175-163년)가 왕이 됩니다.

강력한 헬라주의자임을 표방한 안티오쿠스 4세는 그의 영토 전역에 헬라적인 관습과 문화를 강요합니다. 그는 범세계주의를 표방하면서도 그 기저에는 철저하게 플라톤 철학을 가지고 있는 헬레니즘 사상, 즉 영혼불멸사상과 인간이 가장 위대하다는 인본주의(人本主義) 사상을 가지고 있었습니다.

안티오쿠스 4세
그는 스스로 '4세'라는 숫자로 명명되는 것을 거부하고 '에피파네스' 즉, '신의 현현(顯現)'이라는 뜻의 이름으로 불리길 원했다. 그는 잔인한 사람으로, 알렉산더의 사상을 가장 철저히 따랐다. 그는 정복지의 모든 사람에게 헬레니즘 교육을 시키기 시작하였다. 유대도 대상 지역에서 예외일 수 없었다.

따라서 안티오쿠스 4세가 등극하면서부터 유대인들에게는 이전과 차원이 다른 험난한 세월이 시작됩니다. 일반적으로 제국의 다른 곳에서는 성공을 거두었던 헬라화 정책이 유독 유대 땅에서만 반대에 부딪치는 것에 몹시 화가 난 안티오쿠스 4세가 유대인들을 순순히 놔두지 않았기 때문입니다. 그러나 포로 귀환 이후 유일신 사상을 확고하게 지니고 있는 유대인 귀환공동체는 헬레니즘 사상을 강하게 거부합니다.

물론 유대인들 중에서도 헬레니즘을 먼저 받아들이고 옹호하는 사람들이 있었습니다. 충격적인 것은 예루살렘의 제사장 그룹이 그 일에 주도적인 역할을 감당했다는 것입니다. 유대 귀환공동체에는 정치적이고 행정적인 전문 지도자가 없기 때문에 자연히 대제사장 그룹이 헬라 제국의 관료들을 상대하였고, 그러다보니 자연스럽게 영향도 먼저 받게 되고 타협도 하게 되었던 것입니다.

안티오쿠스 4세(베를린 박물관)

안티오쿠스 4세는 애굽(이집트) 정복을 꿈꾸며 두 차례에 걸쳐 원정을 떠났고, 제2차 애굽(이집트) 원정을 통해 애굽(이집트)을 거의 제압하였습니다. 하지만 이처럼 안티오쿠스 4세가 애굽(이집트)에 대한 정복 의지를 불태우고 있을 때, 이미 다른 나라가 애굽(이집트)에 대한 지배의 손길을 뻗치고 있었습니다. 다름 아니라 강한 세계 지배 의지를 드러내기 시작한 로마라는 나라입니다.

발흥하는 로마

이탈리아 반도의 로마는 B.C.732년경 로물루스와 레무스라는 쌍둥이에 의해서 세워졌습니다. 그 후 나라 전체를 통일해 왕조를 이어오던 그 나라 안에서 중요한 싸움이 일어납니다. 바로 평민들과 귀족들 간의 세력 다툼이었습니다. 평민들은 약 2백 년간의 철저한 계급투쟁 끝에 평민들의 일정한 권리를 법으로 규정한 12동판법을 이끌어내게 됩니다.

한니발

그는 카르타고의 유명한 장군으로 2차 포에니 전쟁에서 두각을 나타냈다. 지금도 세계의 사관학교에서 그의 뛰어난 전술을 가르칠 정도라니, 그가 얼마나 재능 있는 장수였는지 짐작해 볼 수 있다. 그가 아프리카의 코끼리 떼와 대군을 이끌고 알프스 산을 넘어 로마 본국까지 쳐들어간 이야기는 역사상 가장 흥미로운 전쟁 이야기 중 하나이다.

그렇게 한니발이 로마를 거의 다 점령하려던 찰나에 스키피오라는 젊은 로마의 장군이 로마 군대를 이끌고 카르타고 본토를 쑥대밭으로 만들어버린다. 한니발의 전술과 전법을 그대로 이용한 것이다. 한니발은 로마 완전 점령을 코앞에 두었지만 본국이 짓밟히고 있으니 수밖에 없었다. 결국 2차 포에니 전쟁에서도 로마가 압승을 거둔다. 그 결과 카르타고는 해외의 영토를 모두 빼앗기고, 금 1만 달란트라는 어마어마한 전쟁배상금을 물게 된다. 이때 스키피오는 '아프리카의 정복자'라는 의미의 영예로운 호칭 '아프리카누스'라는 이름을 얻게 된다.

카르타고는 그러나 쉽게 물러나지 않았다. 카르타고가 로마와의 조약을 위반하고 반란의 조짐을 보이자, 결국 스키피오 아프리카누스의 양손자인 장군 스키피오('소[小] 스키피오'라고도 함)가 카르타고를 6일에 걸쳐 완전히 불태워버린다. 카르타고는 이렇게 건국 7백여 년 만에 완전히 파괴되어 역사 속으로 사라졌다.

이러한 법 기반 위에서 내부적으로 기틀을 다져가던 로마는 카르타고라는 나라와 전쟁을 하게 되는데, 카르타고는 당시 페니키아의 식민지로 굉장히 풍요롭고 해군력이 막강한 도시국가였습니다. 카르타고는 로마와 마주한 북아프리카 대륙에 자리 잡고 7백여 년 가까이 영화를 누려오던 도시였습니다. 그런데 시칠리아라는 섬을 놓고, 카르타고와 로마가 싸움을 시작합니다. 이것이 바로 포에니 전쟁입니다. 결국 로마는 120여 년에 걸쳐 진행된 세 차례의 포에니 전쟁에서 승리를 거두었고, 그로 인해 막대한 부와 해상력을 얻게 됩니다. 이제 로마는 헬라 제국이 정복해 놓은 모든 땅을 포함하여 대제국을 건설합니다.

로마는 곧 프톨레미 왕조가 다스리고 있는 애굽(이집트) 지역을 점령하고자 많은 군함을 이끌고 출발합니다. 그런데 이때 셀루커스 왕조의 안티오쿠스 4세 역시 애굽(이집트)을 점령하고자 군대를 이끌고 오고 있었습니다. 이 두 세력은 필연적으로 만나게 됩니다. 안티오쿠스 4세가 와서 보니 이미 위용 넘치는 로마의 함대들이 지중해에 버티어서 세계의 세력권이 바뀌고 있음을 알려줍니다. 로마의 장군 포필리우스 래나스는 안티오쿠스 4세를 세워 놓고 자기 부하를 시켜서 안티오쿠스 4세 주위에 둥근 원을 그리게 합니다. 그리고 그 원에서 나오기 전에 로마와 싸울 것인지, 아니면 그냥 돌아갈 것인지 결정하라고 합니다. 마음 같아서는 로마와 한판 붙고 싶지만, 눈앞의 함대들을 보니 질 것이 불 보듯 했습니다. 그래서 안티오쿠스 4세가 조용히 뒤돌아서 나오는데, 그의 입장에서는 정말 자존심이 많이 상했을 것입니다.

안티오쿠스 4세에 의한
엘르아살의 죽음 -구스타브 도레 作

그런데 문제는 그가 이 전쟁에서의 실패 원인을 엉뚱하게 유대인들에게 뒤집어씌운 것입니다. 자기가 로마에게 진 것은 다 유대인들이 헬라 사상 수용을 거부하여 온 제국이 뭉치지 못했기 때문이라며, 군대를 보내어 예루살렘 성을 유린하게 합니다.

모세의 율법에 충성하는 자들을 모두 개종시키든지 아예 멸절시키겠다고 작정한 안티오쿠스 4세의 칙령에 따라 엄청난 유대인 탄압이 시작됩니다. 유대인들이 안식일에는 전투를 하지 않는다는 것을 알고 안식일에 공격하여 수많은 유대인들을 잔인하게 학살합니다. 경건한 유대인들과 제사장 600명 이상을 눕혀놓고 마차를 달려 깔려 죽게 만들고, 도시를 강탈하고 불 지르며 많은 시민들을 학살합니다. 안식일도 지

켜선 안 되고, 할례를 행해서도 안 되고, 모세의 율법을 읽어서도 안 됩니다. 성전에 가서 제사를 드려도 죽임을 당합니다. 만약 태어난 어린 사내아이에게 할례를 행하면, 그 아이를 죽여서 그 어머니 목에 걸어놓고, 그 아이의 아버지도 죽이고 할례를 행한 제사장도 죽였습니다. 예루살렘 성전에는 이방신의 신상이 성전 제단 위에 세워졌고, 헬라 군인들은 예루살렘 성전에 수많은 돼지를 몰고 들어가서 그 돼지들을 잡아 성전에서 돼지 피가 흘러나오게 하는 등, 극에 달한 성전 모독죄를 저지르기도 합니다.

체크포인트 ○●●

1. 헬레니즘은 영혼불멸사상, 다신교 문화, 그리고 인간이 가장 위대하다는 인본주의 사상을 가지고 있기에 ○○○ 사상을 가진 유대인들에게는 받아들이기 힘든 사상이었습니다.

---

2. 유대인들 가운데 헬라 사상을 먼저 받아들이고 타협한 사람들은 공교롭게도 당시 지도자들이었던 ○○○ 그룹이었습니다.

---

3. 3백여 년간의 계급투쟁 끝에 국가 내부의 법을 굳건히 한 로마는 당시 막강한 해군력을 가지고 있던 카르타고와 3차례의 ○○○ 전쟁을 치른 끝에 승리함으로써 제국의 기초를 다집니다.

---

4. 2차 포에니 전쟁 때 두각을 나타내었던 카르타고의 장수는 ○○○이었고, 그런 카르타고의 전술을 그대로 이용하여 전쟁을 승리로 이끈 로마의 장수는 ○○○○였습니다.

---

5. 셀루커스 왕조의 ○○○○○ 4세는 자신의 헬라화 정책을 따르지 않는 유대인들을 못마땅하게 여기고, 율법을 지키고자 힘쓰는 유대인들을 잔인하게 핍박하였습니다.

답 : ① 유일신 ② 제사장 ③ 포에니 ④ 한니발, 스키피오 ⑤ 안티오쿠스

나무 154

마카비 혁명과 하스몬 왕조

찬양

찬송가 – 359장 · 예수가 함께 계시니
찬　양 – 주의 이름 높이며

기도

이 시간, 역사의 흐름을 살펴보는 가운데 하나님의 마음과 뜻을 깨달아 알 수 있도록 지혜를 주옵소서.

중요포인트

• 셀루커스 왕조의 탄압 정책에 대응하여 나타난 유대인의 여러 부류들에 대해 알아봅시다.

• 유대인들의 독립을 꿈꾸었던 마카비 혁명의 과정에 대해 알아봅시다.

• 마카비 혁명의 승리 후 세워진 하스몬 왕조, 그리고 깊어지기 시작한 사두개인과 바리새인들 사이의 갈등에 대해 알아봅시다.

마카비 혁명과 하스몬 왕조 (B.C.165-63년)

마카비 가문의 순교
- 안토니오 치세리 作

안티오쿠스 4세가 유대인들의 신앙에 대한 악독한 정책을 펴자, 유대인들은 이 정책에 따라야 할 것인지, 저항해야 할 것인지 고민하게 됩니다. 앞에서도 언급했듯이 헬라 사상을 조금씩 받아들이며 수용했던 이들이 있었습니다. 이들을 사두개인들이라고 부릅니다. 솔로몬 시대 제사장이었던 사독의 후예들입니다. 당시 현실에 수용과 타협으로 대처한 이들에게는 일정 권력이 주어집니다.

이 사두개인들과는 반대로 헬레니즘을 절대 받아들일 수 없다고 결심한 사람들이 있었는데, 이들을 '하시딤'(Hasidim)이라고 부릅니다. 이들은 어떤 타협도 거부한 채, 율법 중심, 예루살렘 성전 중심의 신앙 전통을 고수하고자 애를 씁니다. 이 하시딤 중에서 후에 '바리새인'들이 나옵니다.

그런가 하면, 하시딤 중에서는 현실을 완전히 등져버린 사람들도 있었는데, 이들이 '에세네파'입니다. 그들은 먼 사해 쪽으로 이주해 아예 현실과 담을 쌓아버립니다. 또 하시딤 중에서 극단적인 사람들은 무력을 사용해서라도 헬라인들을 몰아내고자 합니다. 그들을 가리켜 '젤롯당'이라고 부릅니다. 이처럼 박해에 대응하는 방식에 따라 타협하는 사람, 투쟁하는 사람, 아예 피해버리는 사람, 정치화하는 사람 등 여러 부류가 나왔던 것입니다.

한편 하시딤 이외에도, 율법에 충실한 다른 많은 사람들이 유대에 있었습니다. 예루살렘과 욥바 사이의 분지에 '모데인'이라는 작은 시골 마을이 있었는데, 셀루커스 왕조의 사람이 여기까지도 찾아와서 히브리 사상을 버리고 헬라 사상을 따르라고 강요합니다.

이때 모데인의 나이 많은 제사장 마타디아는 이방신에게 제사를 드리라는 요구를 거절합니다. 그리고 그 관리의 강요에 못 이겨 다른 유대인이 이방 제단에 제사를 드리려고 하자, 마타디아는 그 유대인과 왕의 관리, 함께 있던 병사들을 칼로 죽여 버립니다.

이 일을 계기로 모데인의 노제사장이었던 마타디아와 그의 다섯 아들, 그리고 그들을 따르는 사람들이 산으로 도망가서 게릴라전을 펴기 시작합니다. 그들에게 점점 많은 사람들이 모여 강한 저항군을 이루게 되고, 하시딤도 그들과 연합합니다. 마타디아는 그 무리들을 이끌고 인근의 작은 도시와 마을들을 급습하여 우상과 이방 제단들을 헐어버리고, 아이들에게는 할례를 행하였으며, 무너졌던 회당을 재건하고 사람들이 모세의 율법을 지킬 수 있도록 도와줍니다. 심지어 마타디아는 자기 방어를 위한 전투는 비록 안식일일지라도 허용할 수 있다는 원리까지 채택하고 유대의 독립을 위해 전쟁을 계속합니다.

약 1년 후 마타디아가 죽자(B.C.166년), 그의 셋째 아들 유다(B.C.166-160년)에게 지휘권이 넘어갑니다. 마카비('망치질 하는 자'라는 뜻)라는 별명을 가진 유다가 이끄는 무리들은 왕성한 사기와 뛰어난 게릴라 전법으로 연전연승을 거둡니다. 그러자 많은 유대인들이 점점 몰려와 큰 군대를 이루게 됩니다.

그러던 중 셀루커스(시리아)의 리시아스라는 장군이 큰 대군을 이끌고 옵니다. 유다 마카비 군대에게 닥친 큰 위기였습니다. 그런데 그때 리시아스 장군에게 안티오쿠스 4세가 파르티아요와의 전쟁 중에 죽었다는 소식이 전해집니다. 일이 이렇게 진행되자 리시아스 장군은 강제로 유대인들을 헬라화시키고 싶지 않았습니다. 리시아스는 유다와 긴급히 협정을 체결합니다. 그 협상 내용은 예루살렘 성전은 청결케 되어 원래의 목적대로 사용될 것이며, 유대인들은 100% 종교의 자유를 누리게 되리라는 것이었습니다. 이때가 B.C.165년입니다.

예루살렘에 입성한 마카비 무리들은 성전을 회복한 이날을 축제일로 정하고 매년 기념하여 지켰는데, 이날이 바로 요한복음 10장 22절에 나오는 수전절(하누카)입니다.

이렇게 유다 마카비가 무력투쟁과 대타협 끝에 예루살렘을 정화했습니다. 이때 하시딤들은 그들의 목표를 이루었다고 판단하고 더 이상 전쟁을 하지 않기 위해 유다 마카비를 떠나 그들의 독립적인 조직으로 돌아갔습니다. 그러나 유다 마카비는 유대의 완전한 독립을 위해 투쟁을 계속 했습니다. 유다 마카비 이후 요한, 그리고 시몬이 유다 마카비를 계승합니다. 그리고 시몬의 아들 요한 힐카누스 때 하스몬 왕조를 시작합니다.

그런데 점차 내부에서 당파 싸움이 고개를 들기 시작합니다. 하스몬 왕조의 알렉산데스 야나이우스가 왕으로 있던 시절(B.C.103-76년), 사두개파와 바리새파들과의 불화가 절정에 이르게 되는 한 사건이 일어납니다.

알렉산데스 야나이우스는 무자비하고 잔인했으며 친헬라적인 왕이었습니다. 대제사장직까지 겸했던 그가 장막절 축제에서 예식을 주재할 때, 율법대로 포도주를 받아 땅에 쏟아야 했는데, 일부러 자기 발에 부어버립니다. 대제사장으로서 해서는 안 될 불경스러운 그의 행위에 예식 참가자들은 격분하였고, 많은 사람들이 장막절을 축하하기 위해 들고 왔던 불수감(佛手柑, 귤과의 열매)을 알렉산데스 야나이우스를 향해 던졌습니다. 알렉산데스 야나이우스는 곧 군사를 불러 난동을 진압하면서 무방비 상태에 있던 수백 명의 백성들을 그 자리에서 학살해버립니다.

이후 곳곳에서 내란이 발생합니다. 알렉산데스 야나이우스의 불경함과 폭정을 더 이상 두고 볼 수 없다고 느낀 바리새파들은 결국 시리아 왕에게 도움을 요청하기로 합니다. 그런데 정작 시리아 군대가 실제로 내려오기 시작하자, 바리새파의 생각이 바뀝니다. 이러다가 사두개인들을 몰아내는 것은 성공할지 몰라도, 혹시 또다시 나라를 점령당할지 모른다는 생각을 하게 된 것입니다.

그래서 그들은 사두개인들과 다시 협력하여 시리아 군대를 몰아냅니다. 하지만 이런 바리새파에게 앙심을 품은 야나이우스와 사두개파는 바리새파의 지도자 8백 명을 색출하여 사두개파 지도자들을 연회에 초대한 면전에서 모두 잔인하게 십자가에 매달아 처형합니다. 이로 인해 바리새파와 사두개파의 사이에는 뿌리 깊은 불신의 골이 깊어지게 되고 더 이상의 타협은 불가능해집니다.

B.C.76년, 알렉산데스 야나이우스는 죽음을 앞두고 아내인 살로메 알렉산드라에게 통치권을 물려주면서, 자신의 삶을 후회하며 바리새파 사람들과 화해할 것을 유언했습니다. 살로메 알렉산드라(B.C.75-67년)는 남편의 충고에 따라 바리새파와 우호적인 관계를 만들고, 성공적으로 국가를 통치합니다. 하지만 바리새인들은 안정감과 행복을 느끼는 반면, 사두개인들은 권력을 박탈당했다는 사실에 분개하고 있었습니다.

급기야 바리새파의 득세에 불만을 가진 사두개인들은 여왕의 둘째 아들 아리스토불루스 2세(B.C.66-63년)와 손을 잡고, 여왕의 후계자인 장남 힐카누스 2세를 견제합니다. 이렇게 시작된 힐카누스 2세와 아리스토불루스 2세 사이의 왕권 다툼을 틈타 로마가 유대로 옵니다. 바로 이때부터 유대에 대한 로마의 간섭과 지배가 시작되는 것입니다.

체크포인트 ○ ● ●

1. 사두개인들과는 반대로 헬라 사상을 절대 받아들일 수 없다고 결심하고 저항했던 세력들을 ○○○이라고 불렀는데, 그들 중에서 이후 바리새인들이 나옵니다.

---

2. 하시딤 중에서도 현실을 완전히 등지고 사해 쪽으로 이주해 살았던 사람들을 ○○○파라고 부르고, 무력을 사용해서라도 헬라인들을 몰아내고자 했던 사람들을 ○○○이라고 부릅니다.

---

3. 셀루커스 왕조의 통치에 저항하기 위해 일어선 ○○○○와 그의 다섯 아들을 중심으로 많은 사람들이 유대 독립을 위한 투쟁을 시작하였습니다.

---

4. 오랜 투쟁 끝에 유대인들은 B.C.165년에 종교의 자유와 성전을 회복합니다. 유대인들은 이 날을 기념하여 절기로 지키는데, 이 날이 바로 ○○○입니다.

---

5. 헬라 세력을 물리친 마카비가 ○○○이라는 이름으로 왕가를 세움으로써, 약 1백여 년간 유대인들은 자치적으로 국가를 다스리는 자유를 누릴 수 있었습니다.

답 : ① 하시딤 ② 에세네, 젤롯당 ③ 마타디아 ④ 수전절 ⑤ 하스몬

나무 155

로마의 통치

찬양

찬송가 – 218장 · 주 예수님 내 맘에 오사
찬　양 – 이 땅 위에 오신 하나님의 본체

기도

이 시간, 역사의 흐름을 살펴보는 가운데 하나님의 마음과 뜻을 깨달아 알 수 있도록 지혜를 주옵소서.

중요포인트

• 로마가 유대인들을 다스리게 된 역사적 배경에 대해 알아봅시다.

• 오랫동안 원로원 체제로 다스려지던 로마에 황제가 세워지게 된 과정에 대해 알아봅시다.

• 유대인이 아닌 이두매(에돔족) 출신 헤롯이 분봉 왕이 되어 유대인들을 다스리게 된 배경과 헤롯의 통치에 대해 알아봅시다.

역사의 숲길로 ○●●

로마의 통치 (B.C.63년~)

B.C.63년경에 로마의 장군 폼페이우스는 유대의 내부 싸움을 말린다는 명목으로 예루살렘으로 향합니다. 힐카누스 2세와 아리스토불루스 2세가 로마를 중재자로 불러들였기 때문입니다. 폼페이우스는 힐카누스 2세를 지지하기로 결정하였고, 그 결과 아리스토불루스 2세는 머물던 요새에서 쫓겨나 예루살렘으로 도피하게 됩니다. 폼페이우스가 보낸 바비누스 장군은 예루살렘 성문이 닫혀 있는 것을 보고 계속되는 포위 공격에 들어갑니다. 결국 로마 군대는 세 달 만에 성벽에 구멍을 뚫어 예루살렘을 점령합니다. 결사항전을 한 이들에 대해서는 대량 학살이 벌어졌고 예루살렘은 불태워졌습니다. 이로써 예루살렘을 비롯한 유대 땅은 신흥 제국 로마의 지배하에 들어가게 됩니다.

그런가 하면 로마 자체도 변하고 있었습니다. 예수님께서 오시기 약 60여 년 전, 로마에는 율리우스 카이사르(Julius Caesar)가 등장하여 로마의 원로원 제도를 흔들기 시작합니다. 원로원 제도는 한 사람이 모든 권력을 쥐고 있는 전제주의와는 달리, 권력이 여러 사람에게 분산되고 대표자들인 원로원들에 의해 정치가 이루어지는 제도입니다. 그런데 카이사르는 현행 원로원 제도로는 로마라는 대제국을 유지 · 발전시킬 수 없으며 로마는 황제가 다스리는 나라가 되어야

율리우스 카이사르
(루브르 박물관)

한다고 생각했습니다. 당시 국가 내에서 실질적으로 권력을 행사하고 있던 키케로 같은 원로원 의원들은 그런 카이사르의 생각을 경계하며 위험시합니다. 그러나 이때 카이사르는 자신과 폼페이우스, 크라수스를 묶어 1차 삼두정치를 이뤄내고 로마를 함께 다스리게 됩니다.

율리우스 카이사르는 지금의 서유럽인 갈리아를 정복하여 국내에서 큰 명성과 함께 막대한 부를 획득합니다. 그러자 카이사르의 힘이 커지는 것을 두려워하던 원로원은 카이사르와 폼페이우스 사이를 갈라 놓습니다. 이런 사실을 눈치챈 카이사르는 군대를 해산하고 로마로 돌아오라는 원로원의 결의가 나오자, B.C.49년 1월, 그 유명한 "주사위는 던져졌다."라는 말과 함께 국경인 루비콘 강을 건너 로마를 향해 진격합니다. 2년에 걸친 내전을 통해 로마를 평정한 카이사르가 권력의 중심에 서게 됩니다.

이로써 1인 지배자가 된 그는 각종 사회정책, 빈민 구제 사업 등의 개혁사업을 추진하였습니다. 그러나 권력이 한 몸에 집중된 결과, 왕위를 탐내는 자로 의심을 받게 된 그는 B.C.44년 3월 원로원 회의장에서, 원로원의 공화정 옹호파의 칼에 찔려 암살당합니다. 칼을 빼어 달려드는 이들 가운데 자신의 심복이요 사랑하는 부하 브루투스가 끼어 있는 것을 보고 "아! 브루투스, 너마저…"라는 한마디를 남기고 숨졌을 때 그의 나이 56세였습니다.

율리우스 카이사르가 죽은 후, 그의 양자인 옥타비아누스는 카이사르의 부하였던 안토니우스, 레피두스와 함께 2차 삼두정치를 시작합니다. 레피두스를 탈락시킨 후부터는 안토니우스와의 대립이 본격화되었는데, B.C.31년 안토니우스와 애굽(이집트)의 여왕 클레오파트라의 연합군을 악티움 해전에서 격파한 후 옥타비아누스가 패권을 잡습니다. 이로써 로마는 공화정의 명목을 유지하면서 실질적으로는 제정(帝政)을 시작하게 됩니다.

옥타비아누스(독일 글립도테크)

그 어간에 이두매(에돔)인들이 끼어들어서 식민지 내에서 지분을 얻으려고 애를 씁니다. 에돔 족속 가운데 헤롯이라는 자가 옥타비아누스 황제를 찾아가 탁월한 정치적 술수와 아첨을 통해 '분봉 왕' 이라는 칭호를 받아옵니다. 로마는 식민지에 로마 총독을 파견하거나 제국에 충성도가 높은 분봉왕을 세워 다스리는 것을 그들의 정책으로 삼고 있었는데, 그것을 이용한 헤롯이 그 자리를 차지하여 유대인들의 왕 노릇을 하게 된 것입니다.

헤롯은 하나님을 두려워할 줄 몰랐고 율법에 무관심하였으며 많은 인명을 살상하는 자였기에, 유대인들은 그를 싫어하였습니다. 유대인들의 눈에는 헤롯이 왕다운 왕으로 보일 리 없었습니다. 그래서 헤롯 입장에서는 강경책과 함께 아부책을 펼 수밖에 없었습니다. 유대인들이 가장 좋아하는 일을 해주자 해서, 시행한 일이 예루살렘 성전을 다시 지어주는 것이었습니다.

헤롯의 예루살렘 성전 모형
(이스라엘 박물관)

헤롯은 34년간의 통치를 마치고 B.C.4년에 죽습니다. 헤롯의 뜻에 따라 그의 왕국은 세 아들에게 분할됩니다. 헤롯 아켈라오는 유대(사마리아와 이두매 포함)의 왕, 헤롯 안티파스는 갈릴리와 베레아의 분봉 왕, 헤롯 빌립 2세는 갈릴리 바다의 동부와 남동부에 위치한 속주의 분봉 왕이었습니다.

예수님이 이 땅에 오실 당시의 유대는 이렇게 로마라는 제국의 통치하에서 헤롯 가문의 분봉 왕들의 간섭까지 받고 있었습니다. 유대 백성들은 과중한 세금에 시달리는 피폐한 생활을 하고 있었고, 그래서 구약성경에 나타난 메시아를 기다리는 것만이 그들의 종교적이며 정치적인 희망이었습니다. 마치 오래전 그들의 조상들이 애굽에서 4백여 년간 노예생활을 하다가 하나님께 구원해달라고 하소연했듯이, 유대인들도 하나님께서 언젠가는 구원자를 보내주실 것이라고 믿으며 기대하는 메시아 사상을 가졌던 것입니다. 유대인들이 생각했던 메시아는 이사야 9장에 근거한, 강하고 힘 있는 메시아였습니다. 하지만 이미 이사야에서 살펴보았듯, 이사야가 예언한 메시아는 9장의 강력한 메시아와 53장의 고난받는 메시아를 함께 보아야 하는 것이 옳습니다.

당시 유대인들은 메시아가 나타나서 로마로부터 해방되고 전 세계에 우뚝 선 선민으로 특권을 누리며 살 수 있는 날을 기대하고 있었습니다. 이처럼 구원에 대한 강한 열망을 품고 살아가던 유대인들, 바로 그들 사이에 우리 주님이 오십니다. 이런 배경 속에서 우리 예수님이 태어나십니다.

체크포인트 ○●●

1. B.C.63년경, 예루살렘을 비롯한 가나안 땅은 로마의 장군 ○○○○○에 의해 점령당함으로써, 이때부터 유대 땅은 로마의 지배하에 들어가게 됩니다.

2. 원로원 제도 대신, 황제의 1인 통치로 다스려지는 제정 로마를 꿈꾸었던 사람은 율리우스 ○○○○이며, 그의 이름은 이후 신약성경에 ○○○라고 등장합니다.

3. 양부인 카이사르의 뜻을 이어, 제1대 로마 황제가 된 사람은 ○○○○○○입니다.

4. 에돔족 출신인 헤롯이 로마의 황제에게 찾아가 탁월한 정치적 술수와 아첨을 통해 받아온 것은 ○○○이라는 직책이었습니다. 그런 헤롯은 유대인들에게 환심을 사기 위해 예루살렘에 웅장한 ○○을 지었습니다.

5. 여러 이방 민족들에 의해 오랫동안 압제받고 있던 유대인들 사이에는 하나님께서 언젠가 그들을 구원해주실 ○○○를 보내주실 것이라고 기대하는 믿음이 널리 퍼져 있었습니다.

답 : ① 폼페이우스 ② 카이사르, 가이사 ③ 옥타비아누스 ④ 분봉 왕, 성전 ⑤ 메시아

〈참고자료〉

〉〉 로마와 신약성경

역사적 사건의 시대적 배경을 안다는 것은 매우 중요합니다. 신약성경 전체 사건들은 로마 제국의 통치하에서 일어났던 일입니다. 우리나라는 일제 36년간의 식민지 생활을 경험해 보았기에, 로마 제국하의 유대를 더욱 잘 이해할 수 있을 것입니다.

예수님이 이 땅에 오셨던 그 당시의 유대는 로마라는 제국이 지금의 영국과 프랑스, 스페인을 포함한 전 유럽과 북아프리카 그리고 유대를 포함한 중동 지역까지 다스리던 시대였습니다. 로마 제국은 그 전에 있었던 제국들과는 달리 나라의 자치를 많이 인정해주는 정책을 폈으며 특히 종교 면에서는 많은 자유를 주었습니다. 왜냐하면 로마는 다신교 국가로 예수님 당시에 로마 안에만 해도 약 30만 개 이상의 신들이 있을 정도였기 때문입니다.

그래서 로마의 통치하에 있으면서도 유대의 종교지도자들은 이전에 비해서 크게 달라지지 않았습니다. 하지만 과중한 세금을 내느라 피폐한 생활을 해야 했던 유대 백성에게는 구약성경에 나타난 메시아를 기다리는 것만이 종교적이며 정치적인 희망이었습니다.

아우구스투스(바티칸 박물관)

당시 유대인들은 메시아가 나타나서 자신들이 로마로부터 해방되고 전 세계에 우뚝 선 선민으로 특권을 누리며 살 수 있는 날을 기대하고 있었습니다. 그래서 우리 예수님께서 유대 땅 베들레헴에 오셨을 때 어느 누구의 주목도 받지 못하셨던 것입니다. 그저 별을 따라 동방으로부터 온 박사들과 베들레헴에서 양을 치던 목자들 정도가 우리 예수님의 나심을 기뻐해주었을 뿐입니다.

예수님의 육친의 부모인 요셉과 마리아가 베들레헴으로 호적하러 간 일은 로마의 초대 황제 옥타비아누스의 명령 때문이었습니다. 로마는 원로원의 협의를 통한 정치체제를 수백 년간 이어오고 있었는데 율리우스 카이사르라는 걸출한 인물이 로마 역사에 등장하면서부터 황제에 의해 통치되는 제국의 정책이 싹트기 시작했습니다. 율리우스 카이사르의 양자인 옥타비아누스가 아우구스투스가 되어 로마의 초대 황제가 됩니다. '가이사'란 '카이사르'를 말합니다. 율리우스 카이사르 이후에 카이사르라는 그의 이름이 황제라는 칭호가 된 것입니다.

로마의 초대 황제인 가이사 아구스도는 제국 전체의 정확한 호적을 근거로 더 많은 세금을 걷고자 했습니다. 그래서 만삭인 마리아와 요셉은 해산을 곧 앞두고도 로마 황제의 명을 거역할 수가 없었습니다. 그래서 예수님께서 베들레헴에서 나신 것입니다. 물론 이 일은 "베들레헴 에브라다야 너는 유다 족속 중에 작을지라도 이스라엘을 다스릴 자가 네게서

내게로 나올 것이라 그의 근본은 상고에, 영원에 있느니라" 미 5:2라는 미가 선지자의 예언을 성취하신 것이기도 합니다.

오늘날 세계 각 나라의 지폐에는 대부분 사람의 얼굴들이 있습니다. 우리나라 지폐에는 세종 대왕, 율곡 이이 등이 있고 미국의 지폐에는 링컨 대통령이나 워싱턴 대통령과 같은 사람의 얼굴이 있으며 영국 지폐에는 엘리자베스 여왕의 얼굴이 있습니다. 그런데 이와 같이 화폐에 사람의 얼굴을 넣어 이를 정치적으로 활용한 사람은 바로 율리우스 카이사르가 처음이었습니다.

그 옛날, 지금으로부터 2천여 년 전에 율리우스 카이사르라는 사람은 돈의 위력을 알았던 것입니다. 그래서 로마 제국 통치하에 있는 모든 나라 사람들은 직접 율리우스 카이사르의 얼굴을 본 적이 없지만 화폐를 통해 누구나 그의 얼굴을 알고 있었습니다.

예수님 당시의 바리새인들이 우리 예수님을 곤경에 빠뜨리기 위해 시험을 한 적이 있습니다. 앞에서도 말씀드렸듯이 당시 유대인들은 과중한 세금 때문에 몹시 힘들어 하고 있었습니다. 그런 상태에서 바리새인들이 예수님께 질문했습니다. "로마인들에게 세금을 내는 것이 옳은 일입니까? 아니면 그른 일입니까?" 이때 예수님께서 로마에 세금을 내는 일이 옳다고 말씀하신다면, 많은 세금으로 힘들어 하는 백성들은 예수님에게서 등을 돌릴 것이고, 반대로 로마에 세금을

세금 -루벤스 作

내는 일이 옳지 않다고 말할 경우에는 로마로부터 반체제 인사로 지목을 당해, 체포당할 위험을 안게 되는 것이었습니다.

이때 우리 예수님께서는 "데나리온 한 닢을 보여다오. 이 돈에 누구의 얼굴과 글자가 새겨져 있느냐?"눅 20:24라고 사람들에게 물었습니다. 그러자 그곳에 모인 사람이 "황제의 것입니다."라고 대답했습니다. 그러자 우리 예수님은 어느 누구도 생각하지 못했던 명쾌한 답을 주십니다. "그러면 가이사의 것은 가이사에게 주고 하나님의 것은 하나님께 돌려드려라." 카이사르의 얼굴이 새겨져 있는 돈은 카이사르에게 세금으로 바치고, 하나님께 드려야 할 예물은 하나님께 드려야 한다는 것입니다.

예수님이 십자가에 달려 돌아가실 때에도 로마와의 관계를 생각해야 합니다. 당시 로마로부터 유대를 다스리는 권한을 위임받은 왕은 헤롯이었습니다. 그러나 로마는 또한 그들이 다스리는 전 세계의 나라에 전직 집정관들을 총독으로 파견하고 있었습니다. 예수님 당시에 로마로부터 파견된 총독은 바로 빌라도였습니다. 바리새인들과 대제사장을 포함한 유대의 종교지도자들은 예수님을 모함하고 죽이려는 계획을 세우고, 빌라도 총독에게 예수님을 고발했습니다. 로마가 각 식민지를 다스릴 때, 그 민족 내의 종교 문제나 가벼운 민사 사건은 유대의 산헤드린 공회를 통해 해결하도록 일정 권한을 주고 있었지만, 정치적인 사안이나 형사 문제는 로마가 직접 관리하고 있었습니다. 그러므로 대제사장을 중심으로 한 세력들이 예수님을 죽음으로까지 몰아가려면, 로마 총독이 사형 판결을 내려야 했습니다. 그래서 예수님은 대제사장의 집 안뜰에서 일차적으로 심문을 받으시고 빌라도에게 가서 재판을 받으신 것입니다.

예수님께 지워진 죄목은 로마의 허락 없이 민중들을 선동하여 유대의 왕이 되려 한다는 것이었습니다. 이것이 로마 총독을 가장 예민하게 만드는 사안임을 간파했던 것입니다. 하지만 총독 빌라도는 예수님을 심문해본 결과, 법적으로 예수님에게서 아무런 죄를 발견할 수가 없었습니다. 그렇지만 총독 빌라도가 가장 두려워하는 것은 민란이었습니다. 그래서 바리새인과 대제사장을 포함한 종교지도자들의 회유를 받은 어리석은 유대 백성은 민란을 일으킬 만한 분위기를 만들어서 총독 빌라도를 불안하게 만들었습니다. 그래서 총독 빌라도는 우리 예수님께 죄가 없음을 알고도 예수님을 십자가에 못 박도록 무책임하게 허락했던 것입니다. 이렇게 예수님의 십자가 사건 역시, 로마 제국이라는 시대 배경과 깊이 연관되어 있습니다.

빌라도 앞의 예수님
– 틴토레토 作

또한 우리는 바울이 로마 시민권을 가지고 있었다는 사실을 신약성경을 통해 알고 있습니다. 당시 로마 시민권을 가진 사람들이 누릴 수 있는 특혜는 대단했습니다. 재

벨릭스 총독 앞의 바울
- 윌리엄 호가스 作

판을 통해 유죄가 증명되지 않은 사람은 함부로 누군가에게 맞거나 감옥에 갇힐 수 없었었습니다. 바울이 매 맞고 감옥에 갇히면서도 로마 시민권자임을 말하지 않은 것은 그가 주의 복음을 위해 모든 기득권을 포기했다는 것을 말합니다.

사도 바울이 3차 전도여행 후 예루살렘에 방문했을 때 예루살렘 성전 안에서 죽을 위험에 처합니다. 그때 바울은 로마의 천부장에게 자신이 로마의 시민권자임을 말하고 목숨을 구합니다. 당시 예루살렘 치안을 담당하고 있던 천부장은 자기 담당 지역에서 로마 시민권자가 이유 없이 억울하게 죽게 된다면 그 책임을 면할 수가 없게 됩니다. 그래서 그 천부장은 많은 군인들을 동원하여 로마 시민권자인 바울을 보호해 주었던 것입니다. 그리고 바울은 로마 시민권자로서 황제에게 재판을 요청할 수 있었습니다.

로마에서 재판을 기다리던 바울에게 좋지 않은 소식이 전해집니다. 안타깝게도 당시 로마 제국을 다스리던 황제는 우리가 잘 알고 있는 악명 높은 네로 황제입니다. 때마침 그때 로마의 대화재 사건을 기독교인들에게 뒤집어씌우던 시기였기에 바울은 로마에서 순교하게 된 것입니다. 요한계시록의 저자인 사도 요한을 밧모 섬에 유배 보낸 것도 로마 제국이었습니다.

〉〉 헤롯 가문과 유대 지도자들

1. 헤롯

예수님의 이야기인 사복음서를 읽어가면서 우리는 헤롯이라는 사람을 자주 만나게 됩니다. 하지만 헤롯은 한 사람의 이름이 아니라, 유대와 그 인근 지역을 B.C. 1세기 중반부터 A.D. 1세기경까지 통치했던 왕조의 이름입니다. 헤롯과 그 가문을 이해하는 것은 신약성경을 이해하는 데 큰 도움이 됩니다.

(1) 대헤롯 (Herod Great)
안티파터의 아들로 헤롯 왕조의 창시자입니다. 앞에서 말씀드렸듯이, 탁월한 로비 실력으로 로마 황제 옥타비아누스에 의해 유대의 분봉 왕으로 임명받았습니다. 하지만 그는 에돔사람이었기에 늘 유대인들의 인심을 염두에 두면서, 로마와의 관계도 우호적으로 유지했습니다. 카이사르를 기념하는 도시 '가이사랴'를 건설했는데, 가이사랴는 후에 사도 바울이 로마에 재판을 받으러 가기 전에 2년간 머물렀던 도시이기도 합니다. 또한 헤롯은 유대인들의 호감을 얻기 위해 예루살렘 성전 재건에 힘을 쏟기도 했습니다. B.C.20년경에 시작한 성전 건축은 예수님 당시에도 계속 진행 중이었고, A.D.64년경에야 완성되었는데, 완성된 지 불과 6년 만에 로마에 의해 파괴되고 맙니다. 예수님께서 바로 이 성전을 보시고, 제자들에게 "네가 이 큰 건물들을 보느냐 돌 하나도

헤롯의 유아 학살
- 루도비코 마촐리나 作

돌 위에 남지 않고 다 무너뜨려지리라"막 13:2라고 하셨던 것입니다.

헤롯은 자신의 정통성을 만회하기 위해, 유대의 하스몬 왕조 사람인 마리암네와 결혼하여 유다의 옛 왕조와 손을 잡았는데, 헤롯에게는 총 10명의 아내가 있었기에 그 가계가 복잡합니다. 정권에 대한 욕심과 질투, 의심이 심해서 자신의 아내와 아들들을 포함한 가까운 측근들을 많이 죽였습니다. 심지어는 당시 "헤롯의 아들이 되는 것보다 헤롯 집의 돼지로 태어나는 것이 더 안전하다"는 속담이 생겨났을 정도였습니다. 이 대헤롯이 바로 예수님이 탄생하셨다는 소식을 듣고 베들레헴 주변의 두 살 이하의 유아들을 살해했던 사람마 2:16입니다. 그는 바로 그 해(B.C.4년)에 여러 가지 병에 걸려 70세의 나이로 죽고, 그 뒤를 이어 세 아들이 영토를 나누어 다스리게 되는데, 그들이 바로 안티파스, 빌립, 아켈라오입니다.

(2) 헤롯 아켈라오 (Herod Archelaus)

대헤롯이 죽은 후, 유대 예루살렘과 사마리아와 에돔 지역을 분할받았습니다. 요셉과 마리아가 아기 예수님을 데리고 대헤롯을 피해 이집트로 가셨다가 돌아올 때, 이 아켈라오의 눈을 피하여 유대로 가지 않고 갈릴리 나사렛으로 갔다고 성경은 기록합니다.마 2:22 그만큼 아켈라오는 매우 억압적이고 폭력적인 정치를 했는데, 참다못한 유대와 사마리아의 귀족들이 로마 황제에게 대표단을 파견해서 그를 숙청해달라고 요청했습니다. 결국 A.D.6년에 아켈라오는 왕위에서 쫓겨났고, 그때부터 유대 지역은 로마 총독에 의해 통치를 받는 지역이 되었습니다.

(3) 헤롯 빌립 (Herod Philip Ⅱ)

정확히는 헤롯 빌립 2세입니다. 빌립은 '이두래와 드라고닛 지방'을 다스렸다고 성경은 기록하는데, 이곳은 요단 강 상류 지역의 상당 부분으로 갈릴리 북동부 지역입니다. 빌립은 로마 황제에게 잘 보이려고 파이네온이라는 지역을 재건립한 후, 황제와 자신의 이름을 따서 '가이사랴 빌립보'라고 불렀습니다. 아버지 대헤롯이 세운 '가이사랴'와 구별하기 위한 목적도 있었습니다. 예수님께서 제자들에게 "사람들이 나를 누구라 하느냐?"라고 물으셨던 곳이 이 가이사랴 빌립보였습니다.[마 16:13] 그는 헤롯의 아들들 가운데 가장 온순하고 사람들의 존경을 받는 사람이었습니다. 그래서 예수님은 이 지역에서 비교적 안전하게 활동하실 수 있었습니다.

(4) 헤롯 안티파스 (Herod Antipas)

예수님께서 사역하실 당시 갈릴리와 베뢰아 지방의 분봉 왕이었습니다. 그래서 예수님의 공생애 3년을 기록할 때 나오는 헤롯 왕은 바로 이 헤롯 안티파스입니다. 그는 처음에는 나바티안 왕의 공주와 결혼했는데, 그의 동생 빌립(위의 헤롯 빌립 2세가 아니라, 헤롯 빌립 1세. 빌립 1세는 헤로디아의 처음 남편이었고, 공직에 있지 않았음)의 아내 헤로디아를 아내로 삼기 위해 나바티안 공주와 이혼하였습니다. 세례 요한이 이런 헤롯 안티파스의 부도덕함을 공개적으로 질책하다가 목 베임을 당해 죽었던 것입니다.

헤롯 안티파스 앞의 예수님
– 니콜라스 크뉘퍼 作

또한 예수님께서는 체포당하신 후, 갈릴리 사람이라는 이유로 이 헤롯 안티파스에게 심문을 당하셨습니다. 누가복음에서는 "헤롯과 빌라도가 전에는 원수였으나 당일에 서로 친구가 되니라"눅 23:12 라고 기록하고 있습니다. 예수님께서는 이 헤롯 안티파스를 가리켜 '여우'라고 칭하기도 하셨습니다. 눅 13:32 헤롯 안티파스는 황제 디베료를 기념하기 위해, 갈릴리 서해안에 '디베랴'라는 도성을 건설하기도 했습니다. 이후에 그가 저지른 부정이 로마 황제에게 알려져 분봉 왕 자리에서 쫓겨나고, 아그립바 1세에게 다스리던 땅을 넘겨주게 됩니다.

(5) 헤롯 아그립바 (Herod Agrippa)

헤롯 아그립바 1세입니다. 대헤롯의 손자이며, 헤로디아와는 친남매 간으로, 헤롯 안티파스의 조카이기도 합니다. 그는 어린 시절에 로마로 보내져서 로마 황실에서 자랐기 때문에 로마의 3대 황제가 된 칼리귤라와 친분을 쌓을 기회가 있었고, 덕분에 빌립 2세가 죽었을 때, 그 자리를 얻어낼 수 있었습니다. 그리고 헤롯 안티파스가 쫓겨났을 때, 그 땅까지 그의 영토에 편입됐습니다. 이 아그립바 1세가 바로 사도행전 12장에 나오는 헤롯으로서, 사도 야고보를 처형한 인물입니다. 베드로를 옥에 가두기도 했고 초대교회의 여러 지도자들을 괴롭혔습니다. 하지만 백성들이 열렬히 환호할 때, 하나님께 영광을 돌리지 않다가 결국은 벌레에게 먹혀 죽었습니다.[행 12:21-23]

(6) 헤롯 아그립바 2세 (Herod Agrippa Ⅱ)

헤롯 아그립바가 죽자, 그의 아들 헤롯 아그립바 2세가 17세의 어린 나이로 왕위에 오르는데, 그가 너무 어렸기 때문에 이때부터 유대는 거의 로마 총독의 관할하에 들어가게 되었습니다. 이 아그립바 2세는 이후에 가이사랴에 억류되어 있던 사도 바울로부터 베스도 총독과 함께 증언을 듣다가 "아그립바 왕이여 선지자를 믿으시나이까?"라는 바울의 질문을 듣고 "네가 적은 말로 나를 권하여 그리스도인이 되게 하려 하는도다."라고 말했던 사람입니다. 바울의 이야기를 다 듣고, "이 사람이 만일 가이사에게 상소하지 아니하였더라면 석방될 수 있을 뻔하였다."라고 말했습니다.[행 26:24-32] 헤롯 가문의 마지막 왕으로서, A.D.70년경에 예루살렘이 파괴된 후, 로마에서 살다가 죽었습니다.

2. 로마 총독

로마 초대 황제인 옥타비아누스, 즉 가이사 아구스도는 뛰어난 정치력의 소유자로서, 로마 통치지역을 나누어 맡길 때, 매년 두 명씩 선출된 집정관들을 전직 집정관 자격으로 각 속주에 총독으로 파견하여 전체 제국을 다스렸습니다. 특히 유대는 독특한 종교문화적 배경을 가진 곳이기에 신중하게 고려하여 탁월하고 유능한 총독을 파견했습니다. 원래는 왕가의 사람들을 '분봉 왕'으로 세워 다스리고 있었지만, 헤롯 아켈라오의 폭정이 그 수위를 넘어서자, 아켈라오가 다스리던 유대 지역의 가장 유능한 정치인 중 한 명인 로마 총독을 파견한 것입니다. 그래서 예수님께서 사역하시던 당시 유대 땅에는 분봉 왕과 총독이 동시에 존재했던 것입니다.

유대 땅에 제일 처음으로 취임한 로마 총독은 '코포니우스'였습니다. 그는 아켈라오가 가지고 있던 모든 권한은 물론이고, 정치, 군사, 사법의 권한을 포함, 대제사장을 임명할 수 있는 권한까지도 가지고 있었습니다. 평소에 총독들은 가이사랴 지방에 사령부를 두고 머물렀지만, 유월절과 같은 특별한 시기에는 만일의 소요를 대비해 병력을 증강하고, 예루살렘에 체류하기도 했습니다. 이후 예수님께서 십자가에서 처형되실 때, 총독 빌라도가 예루살렘에 머무르고 있었던 이유도 이 때문입니다.

1대 총독 코포니우스는 A.D.9년에 마루쿠스 암비비우스(2

빌라도의 재판
– 안토니오 치세리 作

대)로 교체되었고, 또 3년 후에는 안니우스 루푸스 총독(3대)이 부임했습니다. 이때는 아우구스투스가 죽고 디베료가 2대 황제로 등극한 시기이기도 합니다. A.D.15년경에는 발레리우스 그라투스(4대)가 새로운 총독으로 부임했는데, 그가 마지막으로 임명했던 대제사장이 바로 안나스의 사위인 요셉 가야바입니다. 예수님을 십자가에 못 박도록 상황을 만들어갔던 바로 그 대제사장입니다.[요 18:13]

본디오 빌라도는 발레리우스 그라투스에 이어 부임한 5대 총독이었습니다. A.D.26년부터 10년간 유대, 사마리아, 이두매 지역을 통치하였습니다. 역사가들의 기록에 의하면 그는 고집스럽고 잔인한 사람이었다고 합니다. 뿐만 아니라 예수님의 무죄를 알고서도, 예수님을 놓아주면 가이사의 충신이 아니라는 말을 듣고, 예수님을 십자가에 못 박도록 내어준 비겁한 사람이기도 합니다. 예수님의 십자가 사건으로부터 약 7년 후인 A.D.36년에 로마로 소환당하여 해임된 빌라도는 실의에 빠진 날들을 보내다가 결국은 자살했다고 합니다.

예수님이 이 땅에 사시던 당시, 유대인들은 로마에 30-40%에 이르는 높은 세금을 바치고 있었는데, 이토록 피폐한 삶을 살고 있던 민중들이 들고 일어난 것이 A.D.66-70년에 있었던 유대-로마 전쟁입니다. 결국 예루살렘은 A.D.70년에 로마 군대에 의해 완전히 무너지고 말았습니다.

3. 대제사장

제사장의 계급으로는 대제사장, 성전의 두목, 수석 제사장들, 일반 제사장들, 그리고 레위인이 있었습니다.

① 대제사장 : 1년에 한 번, 지성소에 들어갈 수 있는 특권을 가진 자들이었습니다. 연중 세 번의 절기(유월절, 오순절, 초막절)의 행사를 총 관장했습니다.

② 성전의 두목 : 차기 대제사장 후보로, 대제사장에 이은 두 번째 서열이며 대제사장을 돕는 산헤드린 회원이었습니다.

③ 수석 제사장들 : 신약성경에는 '대제사장'이라는 단어가

자주 복수로 나옵니다. 대제사장과 전직 대제사장, 혹은 대제사장이 될 수 있는 특권층 가문에 속한 제사장들을 가리키는 것으로 보입니다.

④ 일반 제사장들 : 일반 제사장들의 수는 매우 많았습니다. 예수님 시대에 제사장들의 수를 18,000명으로 추산하기도 합니다. 이들은 24반열로 나뉘어서 각 반열이 1년에 두 번 일주일씩 성전에서 제사를 수행하였습니다.

⑤ 레위인 : 이들도 24반열로 나뉘었고, 성전의 음악 및 다양한 형태로 성전에서 봉사했습니다.

바벨론 포로 기간을 마치고 예루살렘으로 귀환한 귀환 공동체에는 더 이상 왕이 세워지지 않았고, 그들은 제사장 국가로 유지되었습니다. 페르시아나 헬라 제국의 왕들은 대체적으로 유대인들로부터 많은 세금을 거둬가는 것에는 관심이 있었지만, 민족 내부의 종교 문제나 문화적인 측면에는 크게 간섭하지 않았기에, 대제사장들은 백성들의 지도자로서의 역할을 감당할 수 있었습니다.

솔로몬 시대부터 계속해서 사독 계열의 대제사장들이 그 직무를 감당해오다가, 셀루커스 왕조의 안티오쿠스 4세 시절, 사독 계열의 대제사장 오니아스 3세가 자격을 박탈당하고 암살당하면서부터 더 이상 대제사장직은 사독 계열이 잇지 못하게 되었습니다. 마카비 혁명을 주도했던 하스몬 왕가가 유대 민족의 지도자 자리에 오르게 되자, 그때부터는 그들이 대제사장직을 차지하게 됩니다. 비록 그들이 대제사장에 오르는 것에 대한 정통성 여부는 늘 유대인들 사이에서 논란이 되었지만, 그래도 그때까지는 그런대로 괜찮은 편이었습니다. 하지만 시간이 지날수록 대제사장직은 더 이상 하나님과 백성들 사이에서 율법의 내용을 수행하는 자리가 아니라, 하나의 정치적인 권력을 행사하는 지배계급으로 변모되고 맙니다.

대헤롯이 유대 왕이 된 이후, 대제사장직은 헤롯 왕가에 의해서 임명되었는데, 그의 임명 기준은 순전히 자기 마음대로였습니다. 헤롯 아켈라오도 유대를 9년 동안 다스리는 사이, 대제사장을 세 번이나 바꾸었습니다. 당시 대제사장들은 정치권력에 휘둘려 제대로 된 직분을 수행할 수 없었다고 보아야 합니다. 로마가 유대를 직접 통치할 때에도 상황은 비슷했습니다. 오히려 대제사장의 자리는 정치적인 처세와 재물에 의해 자리가 주어지는 하나의 특권계급으로 전락했습니다. 예수님 당시 대제사장이었던 안나스와 가야바 같은 사람들이 그런 사람들이었습니다. 로마나 헤롯 가문과 결탁해서, 자신들의 권력을 누리고 백성들을 착취하고 있었고, 성전을 중심으로 장사를 하는 사람들을 묵인해 주면서 그것을 통해 불의한 이득을 챙기고 있었습니다. 예수님께서는 '하나님께 기도하는 집'인 성전에서 행해지는 그런 일들을 보고 분노하셔서 장사하는 자들을 내쫓으셨고, 그런 예수님에 대해 대제사장 세력들은 미움과 살의를 품을 수밖에 없었던 것입니다.

4. 서기관(율법사, 랍비)

서기관들의 모델은 페르시아 제국 시대의 제사장 겸 학사 에스라입니다. 사람들에게 율법을 해석하고 쉽게 풀어 가르쳐주며, 때때로 송사를 해결하고 재판하는 것이 서기관의 주요 임무였습니다. 서기관은 '랍비(선생)' 혹은 '율법사'로 불리었고, 공회의 의원도 될 수 있었습니다.

서기관들은 법률가와 도덕선생으로서 율법을 해석하였고, 그렇게 해석된 율법을 실천하는 데에도 앞장섰습니다. 그들은 학교를 세우고 제자들과 함께 살았는데, 그들 중에는 제사장 출신도 있었지만, 대다수는 수공업과 구제금으로 생활을 꾸려나갔습니다. 그들은 가르침에 대한 어떠한 품삯도 받지 않았기 때문에, 자신들의 생활비를 직접 벌어야 했던 것입니다.

5. 산헤드린 공회

산헤드린 공회
-「The People's Cydoopedia of Universal Knowlege, 1883」의 삽화

신약성경에서 산헤드린 공회는 공의회, 장로들의 단체, 의회 등 여러 가지로 불립니다. 때때로는 '대제사장과 바리새인들', '대제사장들과 장로들과 서기관들' 등으로, 그

구성원들을 나열하는 방식을 띠기도 합니다.

대제사장을 자문하는 기관이었는데, 로마 제국 시대에 대제사장들은 부유한 사두개파 가문에서 피선되었고, 이러한 가문들이 산헤드린을 장악하고 있었습니다. 하지만 바리새인들은 소수였음에도 불구하고 민중들의 지지 기반 위에서 산헤드린 안팎에 영향력을 미치고 있었습니다.

6. 신약성경에 나오는 분파들

예수님께서 사역을 하시는 동안, 적대적인 관계에 있었던 집단 중 가장 두드러지는 이들이 바리새파와 사두개파입니다. 이들이 자주 예수님의 사역을 훼방하고 힐난하였습니다. 이들이 어떤 사람들이었는지를 이해하는 것은 신약성경을 읽고 이해하는 데에 매우 중요합니다.

(1) 바리새파
셀루커스 왕조의 안티오쿠스 에피파네스가 유대인들을 헬라 문화로 개종시키기 위해, 유대인들에게 율법을 금지하고, 율법을 지키는 자들을 극심하게 핍박하였을 때, 끝까지 정절을 지킨 사람들을 '하시딤' 이라고 한다고 <나무 154>에서 말씀드린 바 있습니다. 바로 이 '하시딤' 에서 '바리새파' 가 나오게 됩니다. '바리새' 라는 말은 '분리하다' 라는 뜻을 가지고 있습니다.

예수님 당시, 바리새파는 유대 사회에서 가장 강력한 집단이었습니다. 그들은 성전의 예식을 일상생활 속에서 재현하려고 노력했고, 율법을 따르는 데에 상당히 엄격한 기준을 적용했습니다. 금식과 기도, 구제를 많이 하였고, 특히 제사의 정결 문제나 음식 먹는 법, 안식일 계명 등을 중요시 여겼는데, 그래서 바리새인들은 예수님의 제자들이 손을 씻지 않고 식사하는 것, 예수님께서 안식일에 병자들을 고치신 것에 대해 비판하고 힐난했습니다. 서기관들과 함께, 바리새인은 그 당시 종교의 최고 지도자로서 대중의 존경을 많이 받았습니다.

역사가 요세푸스의 기록에 의하면, A.D. 1세기에 바리새파는 약 6천 명이었다고 합니다. 사두개인들이 몇몇 부유한 가문, 지도적 제사장 가문으로 이루어진 반면, 바리새파는 도시 상인의 후손들이었습니다. 그들은 경제적으로 대단히 성공한 집단으로서, 사회적 언어와 종교적 언어를 능숙하게 구사하는 사람들이었습니다. 예수님을 찾아왔던 니고데모나 예수님을 장사 지낸 아리마대 요셉, 사도 바울이 바로 이 바리새파 출신이었습니다.

(2) 사두개파

사두개인들은 제사장의 후손들 가운데 헬라 사상의 일부를 받아들여 종교 권력을 유지했던 자들의 후손으로서 한마디로 최고 권력의 종교지도자들입니다. 솔로몬 시대 대제사장이었던 '사독'의 후손들이라 하여 '사두개파'로 불렸고, 그들은 성전 관리 일체를 떠맡고 있었습니다.

그들은 종교 귀족으로서의 삶을 유지하기 위해 한쪽으로는 율법을 지키는 척하고, 한쪽으론 현실 권력과 타협했습니다. 그들의 생활은 현세적이었으며, 율법을 어기면서까지도 당시 정치적 힘을 행사하는 로마 총독이나 헤롯 왕과 타협했습니다.

사두개파는 바리새파와 달리, 전통을 거절하고, 기록된 율법만을 받아들였습니다. 또 육체의 부활이나 죽음 후의 심판, 천사와 악마의 존재를 부인했습니다. 쉽게 말해, 부활을 믿지 않는 것입니다. 그래서 그들에겐 내세가 아닌 현재가 더 중요했습니다. 이후에 사도 바울은 예루살렘에서 잡혀 공회에 서게 됐을 때, 이처럼 부활에 대한 사두개파와 바리새파의 다른 입장을 이용하여 그 자리를 빠져나오기도 했습니다. 행 23:6-11 확실히 바리새인들에 비하면 율법이나 생활 전반에 있어서 융통성이 있었는데, 이는 사실 세속적이고 자유주의적인 태도였습니다.

(3) 열심당(젤롯당)

이들은 있는 현실을 그대로 받아들이기보다는 게릴라 식으로 테러를 하거나, 신념을 바로 행동으로 옮기는 과격함을 그 특징으로 한 사람들입니다. 기본적으로 유대교를 수호하려 했다는 대전제에서는 바리새파와 다를 게 없었지만, 바리새파가 이방인의 통치를 수용하고, 하나님의 때를 기다렸던 것에 반해, 열심당은 마카비 혁명을 일으켰던 마타디아처럼, 이스라엘을 무력으로라도 로마로부터 해방시키는 것을 자신들의 목표로 삼았습니다. 단순한 폭도도 아니며, 체계적인 종교적 신념을 가지고 항거한 사람들도 아니지만, 애국적 유대인인 것만은 확실합니다. 에세네파가 철저한 분리주의자적 자세로 탈세상적이었다면, 젤롯당은 현실 참여를 위해 세상 한복판으로 뛰어들었던 사람들이라고 할 수 있습니다.

예수님의 제자 중에도 젤롯당이었던 사람이 있었습니다. 눅 6:15 혹은 예수님과 함께 십자가형을 당한 '강도' 나 '바라바' 도 이 열심당원이었을 것으로 추측하기도 합니다.

(4) 에세네파

에세네파는 '침묵', '경건' 을 의미합니다. 바리새파와 사두개파로부터 자극을 받아 생겨난 새로운 종파였습니다. 율법에 대해서는 바리새파와 비슷하게 엄격한 입장이었으나 현실도피적이고 은둔적인 입장을 취하였습니다. 그들은 물도 나무도 거의 없는 지역의 동굴에 모여 살았고, 그 동굴에서 사해 사본이라고 부르는 성경 사본이 발견되기도 했습니다. 그들은 농업 같은 종류의 일에 종사하고, 성경 해석을 포함하여, 도적적, 종교적 문제점들을 공동으로 연구하는 데 많은 시간을 할애하였다고 전해집니다. 모든 재산을 공유하고, 노예를 두지 않았으며, 의식상 정결에 세심한 주의를 기울이며 살았습니다. 세례 요한이 이 에세네파 출신이었을 것으로 보기도 합니다.

〉〉 하스몬 왕조

- **① 마타디아**
  B.C.165
  (안티오쿠스 4세의 폭정에 게릴라식 대항 시작)
  - **요한**
    B.C.159년 사망
  - **시몬**
    B.C.141-135년
  - **② 유다 마카비**
    B.C.166-160년
    망치잡이라는 별명을 가진 반란의
    첫 번째 지도자로 무력투쟁과 대타협의 결과로
    실질적인 독립 주권 왕조인 하스몬 왕조 수립
  - **엘르아살**
    B.C.163년 사망
  - **③ 요나단**
    B.C.160-141년
    - **유다**
      B.C.134년 사망
    - **④ 요한 힐카누스 I**
      대제사장이며 왕. B.C.134-104년
      - **⑤ 아리스토불루스 I**
        B.C.104-103년 통치.
        살로메 알렉산드라와 결혼.
        유대식 이름인 '유다' 보다
        헬라식 이름인 아리스토불루스로
        불리우길 바랄 정도로 헬라주의자.
        전형적인 전제군주로 1년 통치
      - **⑥ 알렉산데스 야나이우스** — **⑦ 살로메 알렉산드라**
        - ⑥ 알렉산데스 야나이우스: 대제사장이며 왕. B.C.103-76년
          살로메 알렉산드라와 결혼.
          (아리스토불루스의 과부)
          영토확장에 주력했던 왕으로
          사두개파와 연합하여 바리새파를 축출.
          임종 전 아내인 살로메에게 권력승계
        - ⑦ 살로메 알렉산드라: B.C.76-67년
          아리스토불루스의 아내였다가
          후에 야나이우스의 아내가 된 여자로
          야나이우스의 유언에 따라
          바리새파를 포용
        - **⑨ 힐카누스 II**
          대제사장이며 통치자. B.C.63-40년
          B.C.30년 사망 (여왕의 장남으로 즉위)
        - **⑧ 아리스토불루스 II**
          B.C.67-63년 왕. B.C.49년 사망
          그의 손녀 미리암(마리암네)이 대헤롯과 결혼함
      - **안티고누스**
    - **마타디아**
      B.C.134년 사망

〉〉 신약시대의 팔레스타인

아빌라
아빌레네
시돈
사렙다
헤르몬산
수 리 아
두로
베 니 게
가이사랴 빌립보
지 중 해
갈릴리
고라신
벳새다
가버나움
마가단
디베랴
갈릴리 호수
돌레마이
갈멜 산
가나
나사렛
나인
다볼 산
가다라
가이사랴
데 가 볼 리
살렘
애논
사 마 리 아
사마리아
거라사
에발 산
수가
그리심 산
요단 강
욥바
베뢰아
아리마대 ?
에브라임
여리고
엠마오
예루살렘
베다니
아소도
쿰란
아스글론
유 대
베들레헴
가사
헤브론
염해
이 두 매
나 바 티 안

성경통독원

BibleTongdokWon

숲과나무 성경통독은
하나님의 마음을 따라
성경 66권 전체를 읽어가는 것입니다.

숲과나무 성경통독은
성경의 숲과 나무를 살펴
성경 66권 모두를 하나님의 말씀으로 받아들이는 것입니다.

숲과나무 성경통독은
세계 역사를 경영하시는 하나님의 손길을 확신하며
성경 역사의 흐름에 따라 체계적으로 성경의 숲을 보는 것입니다.

성경통독원은
올바른 성경통독 방법의 보급과 확산을 위해
이 시대 교회, 세계의 그리스도인들과 함께하고 있습니다.